하은이의 일기

초판 1쇄 인쇄　2024년 5월 2일
초판 1쇄 발행　2024년 5월 2일

글쓴이　진경임

그린이　진경임　　**펴낸이**　김희진

펴낸곳　도서출판 Book Manager　　**주소**　전주시 완산구 메너머 4길 25-6
전화　(063) 226-4321　　**팩스**　(063) 226-4330
전자우편　102030@hanmail.net

출판등록　제1998-000007호

ISBN 979-11-92059-91-4(03810)
값 10,000원

* 잘못된 책은 교환하여 드립니다.
* 이 책의 저작권은 저자와 북매니저에 있습니다.
* 작품의 무단 복제 및 전재를 금합니다.

하은이의 일기

아무도 보면 안 돼
삐질 거야!

북매니저

작가의 말

첫 번째 동시집을 내면서

꿈을 향해 바쁘게 살아왔습니다.

어린이들을 가르치며 순간순간 느낌을 모았다가

드디어 한데 묶었습니다.

동시를 쓸 때마다 순수한 어린이의 세계로 젖어드는 것이 마냥 행복했습니다.

여기 편 편의 동시는 부족한 표현이지만, 새싹을 보듯 어린이의 마음을 들여다보고

미소 짓는 시간이 되었으면 합니다.

2024년 5월 진경임

작가의 말 ❀ 5

눈치 빠른 씨앗 8 ❀ 범인이 누구지? 10 ❀ 아기 목련을 보고 12
봄이 되니까 14 ❀ 아기 꽃이 따라 해요 16 ❀ 초코가 말하는 법 18
초코는 벚꽃을 좋아해 20 ❀ 나도 나무에 싼다면? 22 ❀ 꽃들의 질투 25
참새들의 대화 26 ❀ 눈물에 글씨가 써 있나? 28 ❀

지금이 좋을 때다 31 ✿ 우리 엄마 32 ✿ 달아, 내 말이 맞지? 34

귀뚜라미의 잔소리 36 ✿ 정신없는 잠자리 38 ✿ 가을바람 착한 바람 41

나무로 올라가는 개미들 42 ✿ 개미 이불인데 45 ✿ 낙엽 패션이라구! 47

공기가 젤 힘이 세! 48 ✿ 어른들이 웃는 이유? 50 ✿ 아이참! 52

하은이의 하늘 54 ✿ 구름의 하루 56 ✿ 방방이의 최후 58

일기 쓰는 방법 60 ✿ 안경 62 ✿ 오리의 마음 64 ✿ 행복 찾아가는 길 66

하은이는 콩벌레 68 ✿ 할매 나무 71 ✿ 힘센 사자 같아 72

눈아 안 되겠니? 74 ✿ 우울한 펭귄들 76 ✿ 엘리베이터의 마음 78

눈치 빠른 씨앗

잠자고 있는 씨앗에게 들켰다

눈이 녹아 올망졸망 모여 이야기하는 것을
자고 있는 내 동생 콧바람 같은 바람이
살랑살랑 나비를 간지럼 태우는 것을
씨앗은 알아챘다.

땅속에서 잠자고 있던 씨앗들
씨앗은 정말 눈치 빠르다.
춥지만 싹이 올라오기 시작했다.

범인이 누구지?

두리번두리번
참새 몰래 씨앗을 심고
토닥토닥 예쁘게 피라고 속삭여 주었다.

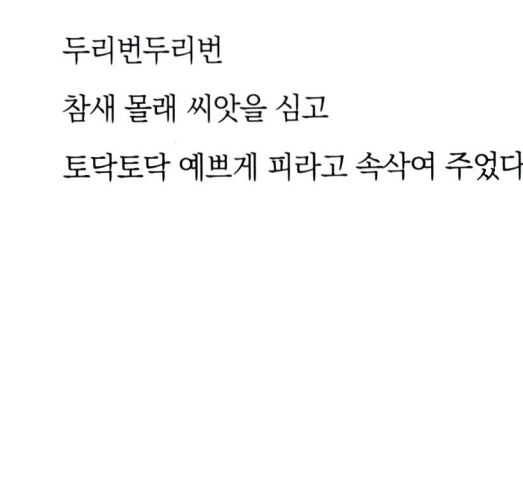

학교 갔다 오면 꽃밭에서 이야기하며 놀았다.
해님도 종일 꽃밭을 보듬어주고
보슬비도 보슬보슬 물을 주며 도왔다.

하루, 이틀, 사흘…
깊은 잠이 들었나?
왜 싹이 안 올라오지?

여름이 다 가도 조용~

아기 목련을 보고

이쪽 나무는 봄인데 길 건너 나무는 겨울이다.
엄마 품에서 산책 나온 아가처럼
털옷을 입고 봉오리가 쏘옥

'요놈' 하는 바람 아저씨 피해
살금살금 해를 먹고 쑥쑥 자랐다.

어느 날 털옷들이 바닥에 투둑
나무 위를 보니 아기 주먹만 한 송이들이 쏘옥

와~~~
나무야!
나도 너처럼 강하게 자라서 멋진 사람 되고 싶다!

봄이 되니까

따스하고 포근한 바람이

나무를 깨우나 보다
방울방울 물이 뽀로롱 올라온다.

부드럽고 달콤한 햇살이
땅에게 속삭여 주나 보다.
새싹들이 돋아나
하늘하늘 반갑다고 손을 흔든다.

온 세상이 다정하다.
봄이 되니까.

아기 꽃이 따라 해요

아기는 태어날 때 주먹을 꼭 쥐고 나온다.
꽃들도 주먹을 꼭 쥐고 나온다.

삼각뿔 주먹을 하고 나뭇가지에 데롱데롱

아기 꽃잎들은 햇살 한가득 냠냠
날마다 잘 잤다고 기지개를 편다.

어느 날 꽃이 되었다.

유모차 타고 방긋 웃는 우리 아가처럼
바람 그네 타며 방긋거리는 꽃송이들
우리 아가 따라쟁이 같다.

초코가 말하는 법

초코가 엄마를 한참 본다.
따라다니면서 엄말 계속 본다.
엄마는 일하시느라 못 본다.
초코는 엄마 다리를 핥는다.
엄마는 초코에게 말한다.
"산책 갈까?"
초코는 팔짝팔짝 뛴다.

엄마는 초코의 말을 알아듣나 보다.
신이 난 초코는 이리저리 뛰고 난리법석이다.

초코는 벚꽃을 좋아해

엄마와 초코 데리고 산책을 갔다.
나무에서 꽃눈이 내린다.
꽃눈을 잡으며 놀고 있는데
우리 집 초코가 꽃눈 무더기에서 킁킁대느라 바쁘다.
불러도 오지 않고 왔다갔다
바닥에 코를 대고 밀고 다닌다.

"초코, 까까 먹으러 가자." 하니 고개를 든다.
초코 얼굴을 보고 엄마와 난 깔깔 웃었다.
초코 코와 입주위에 꽃들이 다닥다닥 붙어 있었기 때문이다.

나도 나무에 싼다면?

우리 집 강아지 초코는
산책을 나오면
요리조리 킁킁킁
왔다갔다 킁킁킁
이 나무 저 나무 계속 냄새 맡는다.
드디어 응가할 자릴 찾았나 보다.
땅을 막 파더니
끄응차~
뒤돌아서서 뒷발로 막 덮는다.

하룻밤 이틀 밤
며칠이 지난 뒤
노랑노랑 민들레 보라보라 제비꽃

나도 나무에 싸볼까?

꽃들의 질투

길을 걷다가 예쁜 꽃을 보았다.
한참을 바라보았다.

따~악 붙은 내 발!
딱풀을 바닥에 발랐나 보다.

발을 떼어도
붙고 또 붙고!
예쁜 꽃은
자기만 바라보고 가지 말라 한다.

참새들의 대화

짹짹

해님이 기지개를 켜는 새벽이다.

창문 사이로 아기 주먹만 한 꽃송이가 조로록 보인다.

눈 비비고 보니 참새 궁둥이들이다.

짹짹짹

서로들 보고 온 이야기하느라 바쁘다.

짹짹짹짹

궁금해서 잠이 달아났다.

나도 새들과 짹짹짹 대화하고 싶다.

눈물에 글씨가 써 있나?

동생과 억울하고 속상했던 일
내 눈 속에 꼭꼭 가두었다.
동생도 엄마도 알지 못하게

어느 날 동생 땜에 또 혼났다.

꼭꼭 가두었던 눈물이
눈 밖으로 나와 입으로 자꾸만 간다.
딱 붙어 있던 내 입속으로 또르르
눈물에서 억울한 내 마음 맛이 난다.

눈물방울에 글씨가 써 있나?
엄마는 동생 몰래 데리고 가서 토닥토닥 안아줬다.

지금이 좋을 때다

도리도리 잼잼
곤지곤지 짝짝
요것만 하는 아가다.
엄마는 함박 웃으며 물개박수 쳐준다.

아가야, 좋지?
너도 나만큼 자라면
꼬부랑 글자들 지키는 글자 병정이 되어야 한다.
그래야 엄마는 물개박수 쳐준다.

아가야, 지금이 좋을 때다.

우리 엄마

해도 아직 안 일어난 아침
꿈나라에서 신나게 놀고 있는데
막 깨우고 말 시킨다.

놀이터에서 신나게 놀고 있는데
간식 먹자며 빨리 오라고 부른다.
친구랑 놀고 있어도 자꾸 부른다.

잠자려고 누워 있는 내 옆에 앉아 자꾸자꾸 말 시킨다.
종일 같이 있고 싶어하는 우리 엄만 날 너무 좋아한다니까!

달아, 내 말이 맞지?

보일락 말락 한 초승달은
오지 않는 엄마 기다리는 아이 얼굴 같다

반만 보이는 반달은
놀고 있으면 곧 올 엄마 기다리는 아이 얼굴 같다

동글동글 보름달은
항상 엄마 품에 안겨 있는 아이 얼굴 같다

달아, 내 말이 맞지?

귀뚜라미의 잔소리

가을이 되니까 엄마 귀뚜라미들이 난리법석이다.
밤마다 울어댄다.
가만히 들어보았다

일찍 자라고 귀~뚤 귀~뚤
공부 열심히 하라고 귀~뚤 귀~뚤
신호등에서 핸드폰 보지 말라고 귀~뚤 귀~뚤

아이~시끄러!!

정신없는 잠자리

잠자리들이 아주 바쁘다.
해만 바라보는 해바라기에도
더워서 쩔쩔매는 나무에게도
더위 장군 데려가는 가을이 오고 있다고
조금만 참으라고 여기저기 알려주느라 앉았다 날아갔다 날개가 바쁘다.

고추장 속에도 앉았나 보다.
꼬리 끝이 빨간 잠자리들이 보였다.
후아후아 얼마나 매울까?

된장에 앉은 건지 강아지 똥에 앉은 건지
꼬리 끝이 똥색 잠자리도 있다.
저 잠자리 오면 도망가야지!

가을바람 착한 바람

늦가을 바람은 착한 바람이다.

깜박 잠든 나뭇가지를 마구마구 깨운다.
곧 추운 겨울이 온다고 흔들흔들
땅속으로 나뭇잎들 들어가라고 흔들흔들
나무에서 놀고 있는 벌레들 땅속으로 내려가라고 흔들흔들

너무 열심히 흔들었나 보다.
나무만 덩그러니 남았다.

나무로 올라가는 개미들

겨울이 오나 보다.
나무 위로 바쁘게 바쁘게 올라가는 개미들을 보았다.
뭐하러 올라가는 걸까?

겨울이 오면
땅속이 추우니 낙엽 이불 가지러
모두모두 올라가는 거 아닐까?

개미 이불인데

겨울잠 자는 개미 아가들 위해
낙엽들은 하나둘 땅으로 내려온다.

겨울이 오기 전
모두모두 내려와 땅 위를 가득가득 덮어주었다.
땅에서 사이좋게 어깨동무하고 있다.

이런이런, 낙엽의 맘도 모르고
청소부 아저씨
빗자루로 쓸어버렸다.

낙엽 패션이라구!

바람에 곱슬곱슬 곱슬 파마한 낙엽이
가을 바바리 입고 땅바닥을 뒹굴며 패션쇼한다.

눈 쌓인 겨울햇살에 뽀글뽀글 뽀글 파마하고
겨울날 땅바닥을 뒹굴며 패션쇼한다.

한참 재미 있게 본 눈송이들과 바람은
이번엔 열심히 후후 바람 불어버린다.

아, 곧 봄이 오니 대청소하는구나!

공기가 젤 힘ㅇ l 세!

새 학기가 되었다.
새 친구 만날 생각에 가방을 보며 신났다.
친구들이 기침하면 벌레가 공기 중에 날아다녀서 위험하다고
학교 오지 말라는 교장 선생님의 가정통신문!

공기가 화가 많이 났다 보다.

작은 상자에 갇혀 있는 듯 답답하고 불편하다
공기가 화나니까 힘센 어른들도 꼼짝 마라네!
이 세상에서 젤 힘센 건 바로 공기였구나!

어른들이 웃는 이유?

추석 다음 날
사촌형아네 갔다.
버스 안에 사람들이 많다.
운전사 아저씨 옆에 손잡이를 꼭 잡고 섰다.

운전사 아저씨는
"꼬마야, 큰집에 가니?" 하신다.
······

"아니에요, 우리 집이 더 커요." 했다.

운전사 아저씨도 엄마도
모두모두 꺄르르~

어른들은 왜 웃으시는 걸까?

아이참!

뚝딱뚝딱 보글보글
엄마의 요리 시간이 되었다.

창문 내다보시던 할머니

"머리 긁어 봐." 하신다.

갸우뚱하며 머리 꼭대기 긁적이는 내게
"아이고, 오늘 아빠 밤 열두 시에 오시겠네." 하시며
하하하 웃으신다.

"옛말에 아이가 머리 꼭대기 긁으면
밤 열두 시에 들어오셨느니라~" 할머니 말씀

아이참~
할머니, 이마를 긁으라 하시지!
아빠가 오시기 전 나는 잠들겠다.

하은이의 하늘

빙글빙글 돌린 그네에 누워
그네 줄 사이로 하늘을 보았다.
뺑글뺑글 꽈배기구름이 빙빙 돌아간다

엄마와 쿵더쿵 시소 타고 올라간 하늘
몽글몽글 솜사탕구름
솜사탕구름 향해 앙~ 크게 입을 벌려보았다.

아무래도 하은이는 배가 고픈 거 같다.
하늘에 간식이 둥둥 떠다닌다.

구름의 하루

해가 뜨면 구름은 바쁘다
조물락 조물락
이리저리 구름을 모은다.

산 하늘 위에는 토끼도 만들고 염소도 만들고
바다 하늘 위에는 고래도 만들고 꽃게도 만들고
종일 요기조기 왔다갔다 바쁘다

해가 지기 시작하면
구름 그림 다 지우고 새근새근 잔다.

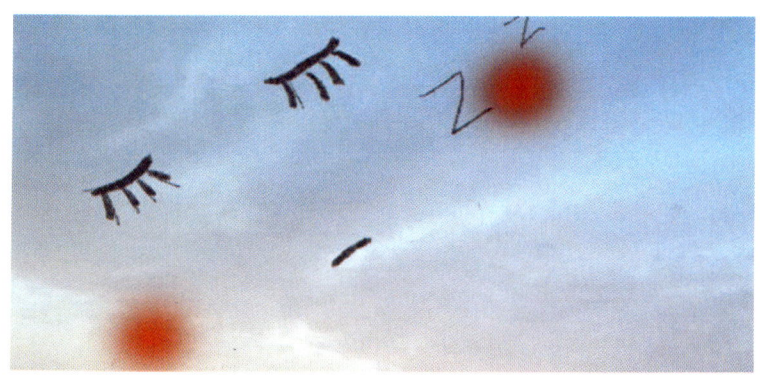

방방이의 최후

새로 산 침대에서 방방이를 하였다.
엄마가 다친다고 하지 말랬다.
팡팡 튀어 오르는 침대 위의 내 발은 신났다.

쿵 떨어졌다.
엉덩방아를 찧었다.
으으윽 아파서 눈물이 찔끔 나온다.

엄마가 아프냐고 묻는데
난 그저 도리도리
발만 베베 꼬았다.

일기 쓰는 방법

일기는 그날 있었던 일을 쓰는 거라고 하셨다.
일어나고 세수하고 밥 먹고 학교 가고
나의 하루는 그렇다.

날마다 그렇게 썼다.
참 잘했어요! 도장을 안 찍어준다.

날마다 똑같은 날인데
왜지?
내 짝 일기를 보고 웃으시더니
참 잘했어요! 도장을 꾹 찍어주신다.

웃을 수 있게 일기 쓰라는 건가?

안경

짝꿍과 축구를 하고 나니 땀이 났다.
짝꿍은 안경을 벗었다.
가만히 보니 안경 쓴 얼굴이 멋져 보였다.

우리 엄마도 안경이 있다.
화장실에 두고 나간 엄마 안경이 생각났다.
집으로 후다닥 뛰어왔다.
화장실 문을 잠그고 엄마 안경을 쓰고 거울을 보았다.
흠~나도 안경 쓰니 멋진걸!

어라! 가만히 서 있는데 온 세상이 빙글빙글~

오리의 마음

뒤뚱뒤뚱 오리 떼가 꽥꽥거리며 걸어간다.
작은 머리 콕콕 방아 찧는다

씰룩쌜룩 엉덩이 오리 신났구나!

앞으로 가서 보니 맙소사,
화가 났는지 입을 쭉 내밀었네.
꽥꽥 소리도 지르잖아!

오리! 너의 진짜 마음은 뭐니?

행복 찾아가는 길

칭찬받고 모은 돼지 저금통이 배부르다.
하은이는 저금통을 들고 은행으로 갔다.
가는 발걸음이 무겁다.

"오늘도 행복을 저금하려고 왔구나!"
예쁜 언니의 인사가 방긋 웃게 한다.

저금하고 나오는 내 발걸음 콧노래 나오며 가볍다.
나는 오늘도 행복 찾아가는 길로 한 발 더 다가갔다

하은이는 콩벌레

차가운 바람이 분다
손도 발도 몸도 주먹 쥐듯 오므렸다.

차가운 바람이 부니
모두 다 코도 눈도 입도 온 힘을 줘서 오므린다.

사람들은 모두모두 이렇게 콩벌레가 된다.

바람아, 내 몸에 들어올 곳을 찾아보렴!

할매 나무

지팡이처럼 바짝 마른 할매 나무가 추운데도 꼼짝 않고 서 있다

아주 잠깐 따스한 햇살이 비쳤다
꼼지락꼼지락 새싹들의 움직임 소리가 들렸나 보다.

'바깥은 까치가 얼어 죽었다.
겨울장군 아저씨가 숨어 숨바꼭질하는 거다.'

입이 없어 말은 못 하지만
할매 나무는
마지막 잎을 따서 새싹들에게 나오지 말라고 신호 보낸다.

힘센 사자 같아

펑펑 밤새 눈이 오고 있다.
썰매 탈 생각에 밤새 눈이 말똥거린다.

늦잠에서 깨어난 나는
집 앞으로 뛰어나갔다.

동네 아저씨는 하얀 소금을 마구 뿌리고 쓸고 계신다.
눈을 다 녹여버린 소금과 아저씨가 힘센 사자 같아 보였다.
으앙! 사라진 내 썰매장!

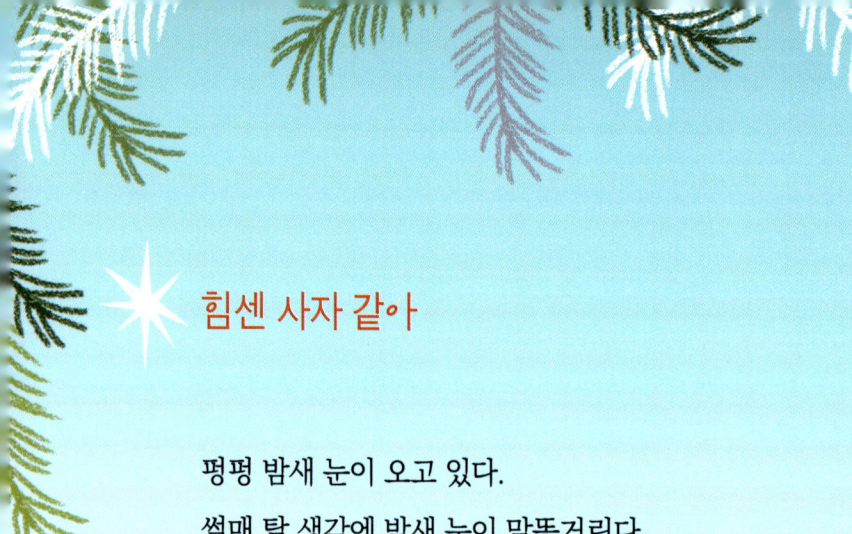

눈아 안 되겠니?

아무도 모르게 소복소복 내린 눈
온 세상을 설탕처럼 만드는 조용한 요술쟁이

펑펑 눈이 내린 길은
우리들에겐 신나는 미끄럼 놀이터지만
어른들에겐 심술꾸러기 도로로 변신시키는 요술쟁이

눈아 눈아,
우리 놀이터에만 오면 안 되겠니?
어른들이 눈이랑 못 놀게 하면 어떡해!
우리는 네가 최고의 친구란다.

우울한 펭귄들

TV를 보았다.
자고 일어나니 지구가 더워서 얼음 놀이터들이 사라져 버렸다.
아기 펭귄들은 얼음 놀이터를 찾느라 바쁘다.

난 펭귄들의 슬픈 눈을 보았다.

지나가던 바람이 펭귄에게 속닥속닥 했나 보다.

'사람들이 얼음 놀이터를 없애고 있어~'

슬픈 펭귄들은 바람을 보고 외친다.
"우리들의 얼음 놀이터 지켜주세요, 제발."

나도 놀이터가 없어진다면 펭귄처럼 우울할 것 같다.

엘리베이터의 마음

난 심심하면 병이 난다.

엘리베이터 타면 모두 다 핸드폰만 본다.
엘리베이터도 심심해서 병이 난 거 같다.
우리 엘리베이터는 수리 중이다.

계단을 오고가는 사람들이 잠시 멈추고 인사를 나눈다.
무거운 짐 들고 올라가다 쉬는 아줌마
도와주는 언니 오빠들이 보인다.
모두모두 힘드니 서로서로 도와준다.

그랬나 보다.
입이 없는 엘리베이터는
이웃을 만나면 인사하고 지내라는 말을 하고 싶어서 병이 났나 보다.